マダム信子の波乱万丈人生と
華麗なるライフスタイル

私は女豹
Je Suis La Panthère

株式会社カウカウフードシステム会長
マダム信子
「マダムシンコ」創業者

主婦と生活社

はじめに

洋菓子ブランド『マダムシンコ』を立ち上げ、「マダム信子」を名乗り始めて、もう20年近くになります。

おかげさまで、看板商品の『マダムブリュレ』は大阪名物と謳《うたわ》れ、全国で〝憧れのお菓子〟と呼ばれるようになりました。

マダムブリュレの評判と、私のキャラクターを面白がってくれたメディアのおかげでしょう。「信子さん！」「信子ママ！」などと、行く先々でみなさんが気軽に声をかけてくださいます。

島根県で、5人きょうだいの長女として生まれました。貧乏、在日二世……。そして女性ということで、たくさんの苦労を重ねてきたものです。早く自立をしたくて、18歳のころからさまざまな職業にチャレンジしてきました。

悔しくて、悲しくて、時には嬉しくて……。私は「目にゴミが入ったみたい」なんて気取ったことは言いません。その度に思いっきり泣いてきました。

この感情を素直に出してきたことが、私の原動力だったとも思います。そして、「信子」の名前のとおり、自分を信じて、そして大切な伴侶である幸治くん（カウカウフードシステム副会長）をはじめとする大切な人たちを信じて、ここまでやってきました。

続けるってすごいものですね。なじられたり、白い目で見られることがほとんどだった私でしたが、今では「見ているだけで元気が出る」などと言ってくれる人の方が多いんです。

若い女の子に「信子さんの洋服のコーディネートやメイクを真似したい」と言われたり……。

「70越えてるんやで⁉」と、ちょっと戸惑う気持ちもありますが（笑）、もともと私は華やかなことが大好きだし、他の人を元気にさせることも大好きです。ほんま、嬉しいです。

今回、縁あって、私のライフスタイルを公開させていただくこととなりました。

2023年3月から甥の松本保純が代表取締役社長に就任したため、私と幸治くんの夫婦は広告塔として『マダムシンコ』をもっともっと盛り立てていくのが主な仕事になったこともあります。保純くんはITにも詳しく、宅建も取得している有能な子です。小さいころ、「ママちゃん（甥や姪は私のことをこう呼びます）、ママちゃん」と、私にまとわりついていた子がこんなに立派になってくれて、昔を思うとまた涙が出てきます。

そんな保純くんをはじめとした大切な家族や会社のスタッフたちへの感謝や、私の面白おかしい日常、本当にいろんなことがあった人生のエピソードをご紹介させていただきます。目を通して、ちょっとでも元気になって、「こんな人もおるんや、自分も頑張ろ」と思ってもらえたら嬉しいです。

みなさん、頑張りましょうよ！

CONTENTS

※本書の衣装はすべて個人の私物になります。ブランド名をご紹介していますが、メーカー等にお問い合わせされても現在お取り扱いがない場合もございます。あらかじめご了承ください。

Chapter 1

ようこそ、わが家へ

みなさん、わが家へようこそ！ 2010年、「緑が多く眺めがいい場所で多くの人をもてなしたい」との思いから、兵庫県・芦屋市のこの地に居を構えました。広さは13LDKの２階建て。すべての部屋に、もてなしの心とこだわりを詰め込んだところ、願いどおり、家族、友人、仕事の関係者など多くの人が訪れてくれるにぎやかな家となりました。家の中は私が大好きな豹柄のものがいっぱいです。みなさんもぜひゲストになった気分で楽しんでいってください。

Garden

阪神間を見渡すゆかりの地

この土地との出会いは運命的でした。なぜなら、私は10歳のときに一家で島根から大阪に出てきたのですが、その際に父が極貧生活から這《は》い上がろうと、必死でダンプカーに乗って働き、切り開いたのがこの土地だったからです。なのでこの家が完成したとき、生前の父が泣きながら私の手をとって「こんな小さい身体でよう頑張った。お父ちゃん、生きていてよかった」と言ってくれたことは、人生で最高に嬉しかったことのひとつです。私も、父が流した汗の上に住んでいるのを忘れたことはありません。

庭には、もともと生えていたという雌雄2本の山ぶどうの木があります。母によると、この木がある家はお金持ちになれるのだそう。秋には実がぎょうさんなって、美味しいジャムが作れるんですよ。

庭で愛犬と。「トイプードルのラージは4歳。すごく元気で、いつも走り回ってるねん。シェパードのリンはお隣さんが飼えなくなったのを引き受けて、今では大事なうちの子」

庭からの眺め。住宅としてはかなり標高が高いところにあり、大阪から神戸までの景色が一望できる。夜景も絶景。

[Party room]

来た人みんなが 笑顔になれる 非日常のステージ

ダイニングセットとソファーが並ぶ。最近はここでオンライン会議もする。

①

②

①写真は2009年に亡くなったお兄さん。信子会長を常に支えてくれた大切な存在。
②シアトル・マリナーズ時代のイチロー選手のサイン入りユニフォームも。

家のいちばん日当たりと景色がいいところに、大きなパーティールームを作りました。

イタリアの家具やコレクションを置いて華やかにしましたが、こだわりはなんといっても庭に面した一面の大きな窓ガラス。ここから庭で楽器を演奏している人たちを眺めて、ステージを楽しむかのようにみんなで盛り上がったことも。

これまでに芸能人、スポーツ選手、宝塚の方、経営者の方、外国の方など、多くの方々をここにお招きしてきました。たくさんの笑顔と出会いをもたらしてくれた特別な場所です。

①「ヴェルサーチ」の豹柄のソファー。黒いソファーは「フォーシーズンズホテル」と同じもの。②③ダイニングセットとティーカップ ボードも「ヴェルサーチ」。④リビングの奥にはサンルームが。「このピンクのソファーが大好き。ここで朝食やランチをとることも」。

Livingdining Kitchen Sunroom

豹柄の家具とキッチン！

1階にいるときは、夫の幸治くんと、このリビングで過ごすことが多いです。

豹柄の家具はすべて「ヴェルサーチ」のもの。お気に入りの家具に囲まれて、忙しい日々の合間にくつろげる場所になっています。

見た人がみな驚くのが、豹柄のキッチン。これはどうしても豹柄にしたくて、職人さんにお願いしてオリジナルのタイルを作ってもらいました。

料理は好きで、コチュジャンだって手作りします。お気に入りのキッチンで料理を作るのは私にとっていい息抜きの時間でもありますね。

①

⑥

⑤

⑤サンルームにあるお気に入りのシャンデリア。丸いカットガラスが可愛い。⑥シンクや戸棚だけでなく、レンジフードも豹柄! 小さなタイルが美しく敷き詰められている。⑦使い込まれたキッチン道具。「焼肉店をやっていたときは毎日自分で仕込んでたからね。早いしいろいろ作れるで!」。料理の腕は幸治副会長からも折り紙付き。「この間はこの鍋いっぱいにテールスープを作ってみんなに振る舞ったよ」。料理を美味しく作るコツは、「愛やな。なんでもうわべで作ったら美味しくないねん」。

⑦

④

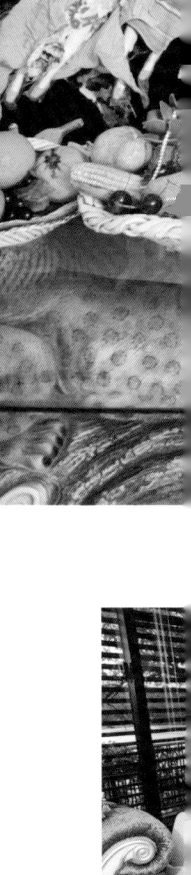

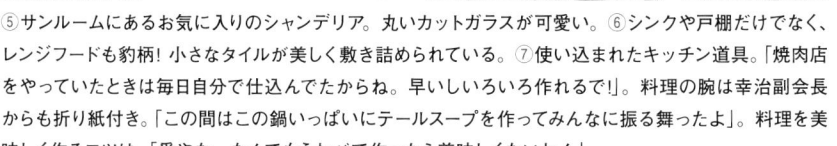

豹の置物の横に、ちょこんとぬいぐるみが。アンバランスの妙が信子会長流。

Japanese-style room Corridor Security shutter

唯一無二の和室、廊下、防犯シャッター

インテリアもルールに縛られないのが私流。なので和室の畳の縁も豹柄、襖《ふすま》だって豹柄です。キッチン同様、職人さんには「こんなオーダー、聞いたことない！」と絶句されましたが、ここにしかないものを作ってくれました。

防犯シャッターも豹柄ですし、実は私の寝室も豹柄で大変なことになっています。なのに飽き足りず、実は次に家をリフォームするときは外壁を豹柄にしたいと企んでいて。ここまできたら「突き抜けたらええやん！」と思っています。

防犯シャッターだって豹柄。以前泥棒に入られてからはセキュリティも万全。

家のあちこちにピエロが。「水商売をしていたとき、ピエロは魔を落としてくれるって教わって。確かに効き目あると思うわ」。

額に飾っているスカーフも「ヴェルサーチ」。美しい螺鈿《らでん》のチェストは、デヴィ夫人主催のチャリティオークションで幸治副会長が落札したもの。

ピンクの畳に豹柄の縁。しかもキラキラのラメ！「和」と「洋」の絶妙な融合。

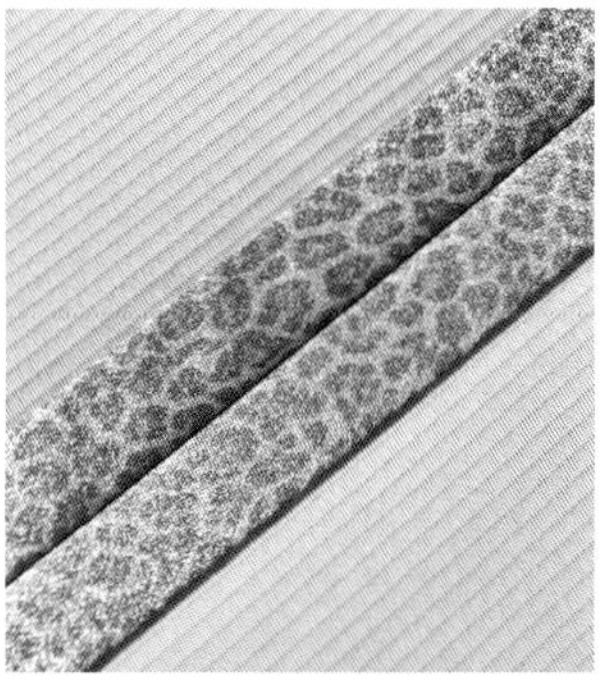

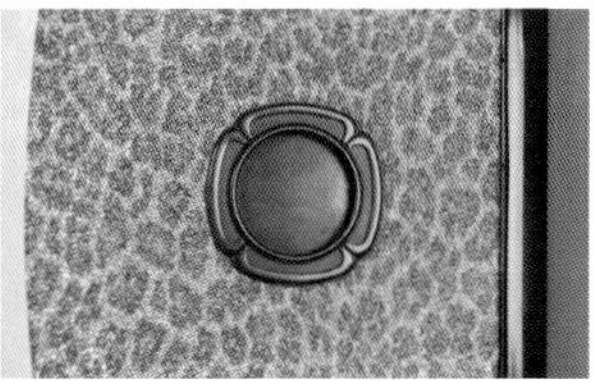

❷

❶

[Chair of the King]

信子邸のシンボル「王様の椅子」

わが家のシンボルともいえるのが、この「王様の椅子《いす》」。玄関ホールにある木製の大きな茶色の椅子で、骨董品店で一目惚れして手に入れました。

この椅子、いつからか「座った人は出世する」と言われるようになって、うちに来た人はみんな座りたがります。もちろんただ座るだけではだめで、本人の努力があってのことですが、確かに効き目はすごい！　私も驚かされることばかりで、「ひょっとしてわが家に来る前は、どこかの国のすごい人が座っていた椅子なのでは」と思っています。

①松本社長とその家族と。②Repezen FoxxのDJ社長と。③親子で初登場!
幸治副会長とお母様の陽子さん。④本社で頑張ってくれている野村司くんと。緊張してる?

④

③

Chapter 2

まさにジャングル!? 魅惑のクローゼット

１階の後は、２階の信子会長のクローゼットへ。「なんでも好きに見てええよ」と言われ、おそるおそる扉を開けると、現れたのは豹、豹、豹！ 端から端まで数えきれないほどの豹柄の服！ スーツ、ワンピース、コートなど、圧巻の光景。でも一見派手さに目を奪われるものの、よく見ると豹柄はすべて色味も豹紋も美しく、服の作りと素材も上質なものばかり。さらに小物の充実度も驚くべきもの。その唯一無二のスタイルの源であるクローゼットの中身、見せていただきました。

「シャネルもグッチも好きやけど、ZARAとか若い子のブランドも着るね。身体の線をきれいに見せてくれるイタリア系のスーツが好きかな」。
忙しくてショッピングの時間がなかなかとれないから、「シャツとかニットとか、気に入ったら色違いで全部買う。外商さんが好きそうなものを持ってきてくれることも多いね。あと、幸治君は私の好みをわかってて、好きそうなものを見つけてくれることもあるよ」。

夏用から冬用まで、素材も形もさまざまな帽子。
これでもコレクションのほんの一部。

[Hat Bag]

かぶり方も信子流！キラキラが大好き

服はもちろん、帽子やベルトなども大好きだそうで、「アクセントになると思ったものは即決する。特に帽子は大好きで、いーっぱいある」。

ハット、キャスケット、麦わら帽子、ベレー帽……。豹柄だけでなく、さまざまな素材や柄のものがずらり。

中折れハットの場合、折れ部分を縦ではなく横にしてかぶるのが信子流。そのほうが頭にフィットしやすいからなのだとか。

バッグはハイブランドのものからカジュアルなものまで、ファッションに応じてチョイスするが、バーキンなど実用性重視の大きいものが多い。ハイブランドの場合、「豹柄の新作が入ると、外商さんやお店のほうから連絡してきてくれる」。

光り物や可愛い小物を取り入れるのも好きで、「キラキラしてるものも大好き。あとハートやぬいぐるみも。少女趣味やな。大人になりきってないんだわ」と笑う信子会長だが、どれも「浪速の最強女会長」のスタイルを作る大事なアイテムだ。

「エルメス」の「バーキン」はサイズ違いで多数所有。「仕事でなんでも入れちゃうからバッグは大きくないと困る」。

Shoes Pumps Sneakers Boots……

70代でもピンヒール！履き続けることが大事

もちろん靴もメインは豹柄。そして、ご覧のとおりパンプスもサンダルもブーツも、とにかくすべてヒールが高い！ 70代でこれだけのヒールを履き続けることができる女性は稀《まれ》だ。

「水商売してたときドレスを着るためにハイヒールを履いて、それから50年以上ずっとハイヒール。年をとるとどうしても背中が丸まってお腹が出るけど、ハイヒールだと自然と姿勢もよくなる。若いうちから履き続けることが大事やね」

そう語る信子会長の足元は、室内にもかかわらず8㎝ヒールのサンダル。姿勢もすばらしい。「おしゃれは足元から」とはよく言うけれど、年齢を重ねても美しさを保つ筋力と姿勢も足元からなのだ。

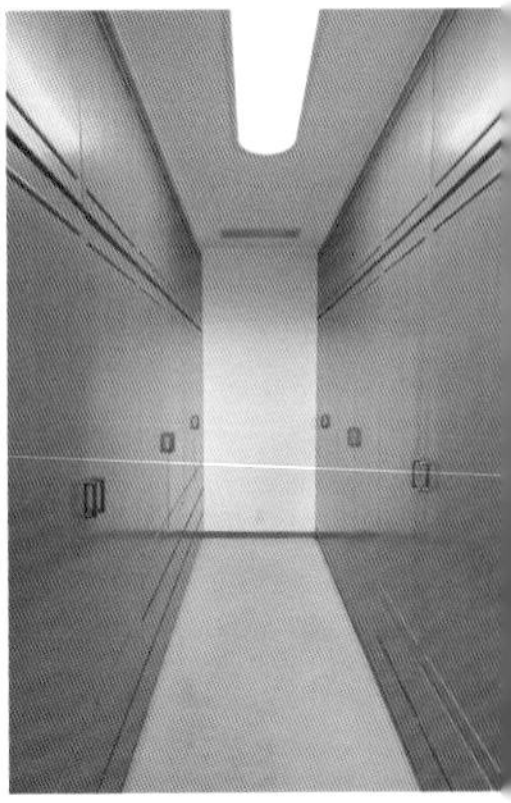

幸治副会長の部屋にも大きなウォークインクローゼットが。しかし、会長と比べるとかなりシンプル!?

足のサイズは22.5cm。小さいので海外ではサイズ選びに苦労するそう。ゴルフシューズとスニーカーは明るくカラフルなものが多い。

頑張ったご褒美から、お守りのような感覚に

[Jewelry]

最もお金がかかる趣味は、男性の場合が「車」だとすれば、女性の場合は「ジュエリー」かもしれない。

そう実感させられる、信子会長所有の博物館級、王族級のジュエリー。どれも個人所蔵のものとしてはあまりに大きく、手の込んだ作りのハイジュエリーばかりだ。

「ジュエリーや腕時計は頑張ったご褒美《ほうび》にと思って買っていた時期もあるけど、今ではどこかお守りみたいに思ってるかもしれへんな」

そんな信子会長が一番好きな宝石はダイヤモンド。理由は「強い石だから」。

強い人をさらに強く守り、華やかに彩る、まばゆいジュエリーの数々だ。

①猫の指輪はパリの5大ジュエラーの「ブシュロン」のもの。「これ見たとき、うちのミーコそっくりや！ と思って」。

②さまざまなカットのダイヤモンド。大きさもさることながら、多彩なカラーとクラリティ(透明度) もすごい。

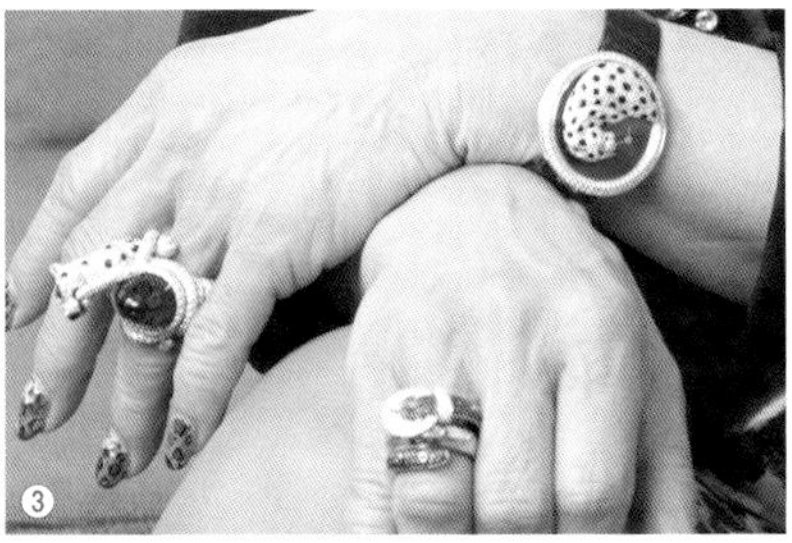

③豹好きゆえ「カルティエ」を代表するコレクション、パンテールのジュエリーが多い。④サファイヤ、ルビー、エメラルドなど、それぞれペンダントと指輪のセットで所有。⑤精巧な細工が目を引くハート型のサンゴのペンダントはお気に入り。⑥腕時計は「ロレックス」「カルティエ」「ウブロ」など。スポーティなものからジュエリーウォッチまで、シーンによって使い分けている。⑦指輪は9号だったが、「ゴルフのせいで指が太くなった！ でもゴルフは絶対やめへん(笑)」。

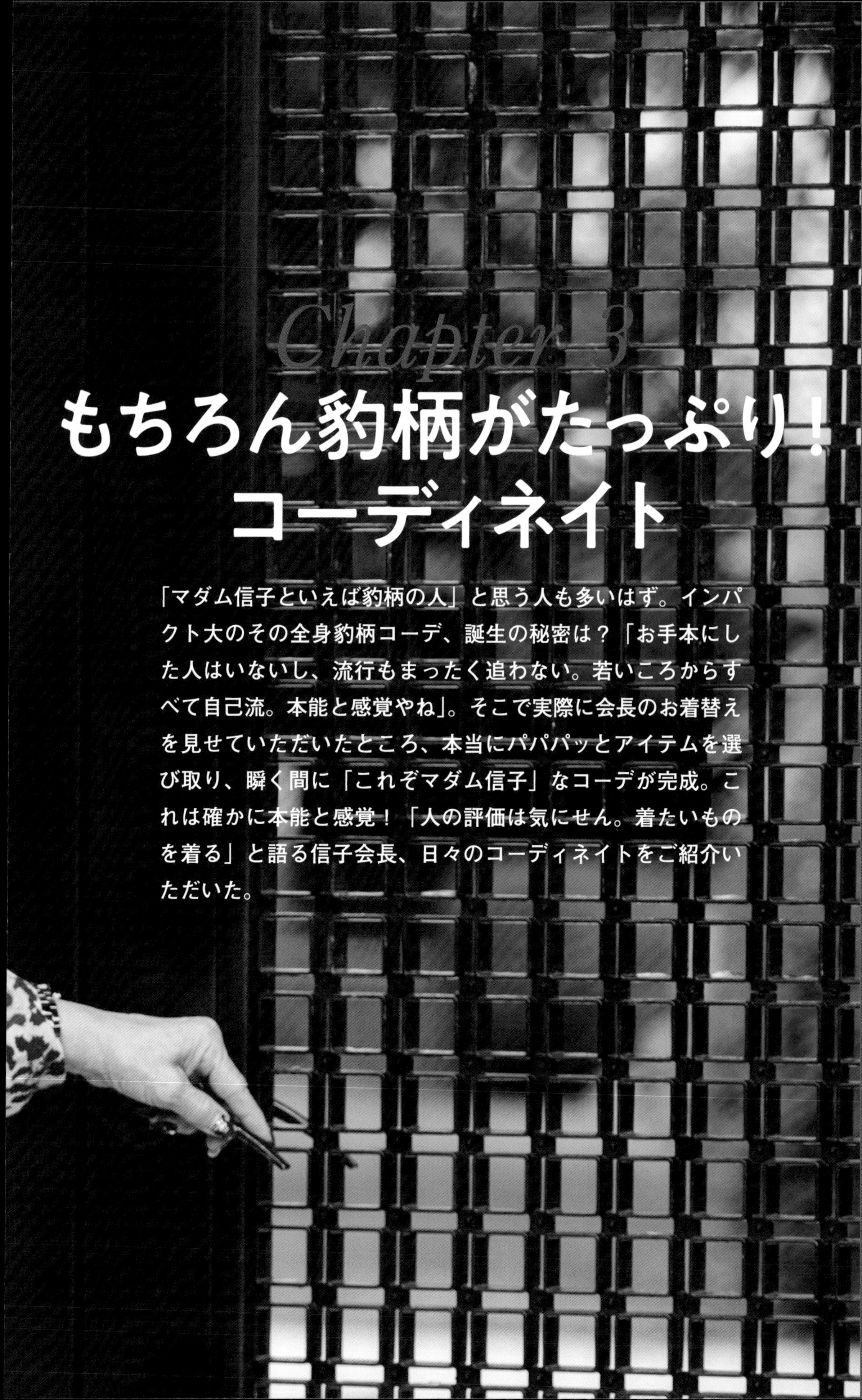

Chapter 3

もちろん豹柄がたっぷり！コーディネイト

「マダム信子といえば豹柄の人」と思う人も多いはず。インパクト大のその全身豹柄コーデ、誕生の秘密は？「お手本にした人はいないし、流行もまったく追わない。若いころからすべて自己流。本能と感覚やね」。そこで実際に会長のお着替えを見せていただいたところ、本当にパパパッとアイテムを選び取り、瞬く間に「これぞマダム信子」なコーデが完成。これは確かに本能と感覚！「人の評価は気にせん。着たいものを着る」と語る信子会長、日々のコーディネイトをご紹介いただいた。

Business clothing

動きやすい素材の服 大きめのバッグが定番

仕事のときは動きやすい素材のスカートや、パンツスーツの出番が多く、中でも好んでよくするのは、豹柄に鮮やかなピンクを合わせたコーデ。まさに「マダムシンコ」のパッケージを彷彿とさせる組み合わせだ。そして時には胸に「マダムシンコ」の社章を付けることも。

「人から『元気をもらえる』と言ってもらえると嬉しいし、私は会社の広告塔でもあるから。お会いする人にキャラを楽しんでもらえるよう考えているところもあるかもしれない」

そういった気配りのファッションがきっかけで、話が弾むことも多いのだそう。

シルクジャージーのワンピースは動きやすく、かつエレガント。カメリアが並んだブーツは「シャネル」。

鮮やかなピンクのバッグは、「エルメス」のクロコダイルの「バーキン」。姑である幸治副会長のお母さんと。よくお手伝いに来てくれる頼もしい存在で、「6つしか違わないから、姉妹みたいね。私がお母さんにつけたニックネームは『メルヘンちゃん』。尊敬してるし、可愛いでしょ？(笑)」

[Casual style]

ミニスカートや、Tシャツ……。
着やすさにも目覚めました（笑）

だらしない服装が嫌いで、どんなときも全身キメていたという信子会長。

　そんな会長を大きく変えるきっかけになったのが、「犬の散歩」と「ゴルフ」。

「かつては犬の散歩もキメキメで行ってたけど、『自分、何イキってんねん』って思うようになって（笑）。あとはゴルフウエアを着て、カジュアルな服の良さに気づいたのも大きい。スポーツブランドの服を着るようになるなんて、もう自分でもビックリよ」

　最近では、ユニクロデビューも果たしたそう。

「もうめちゃめちゃ着やすくて安くて丈夫で。ユニクロほんますごい！」

　それでも「ウエストゴムの服だけは着ない」というのがマイルール。

①迫力のミニスカートで女子大の講演会へ。「女子大生が対象やから明るい感じにしてみた。これでもカジュアルなつもりなんよ」。②スパンコールのセットアップはスペインの「ロリタス＆エル」。気に入れば若い子のブランドも着る。③カジュアルとはいえキラキラも忘れない。「なんか足らんな」と最後にベルトを足した瞬間、会長らしいコーデに。トップスの豹の絵はオリジナル。

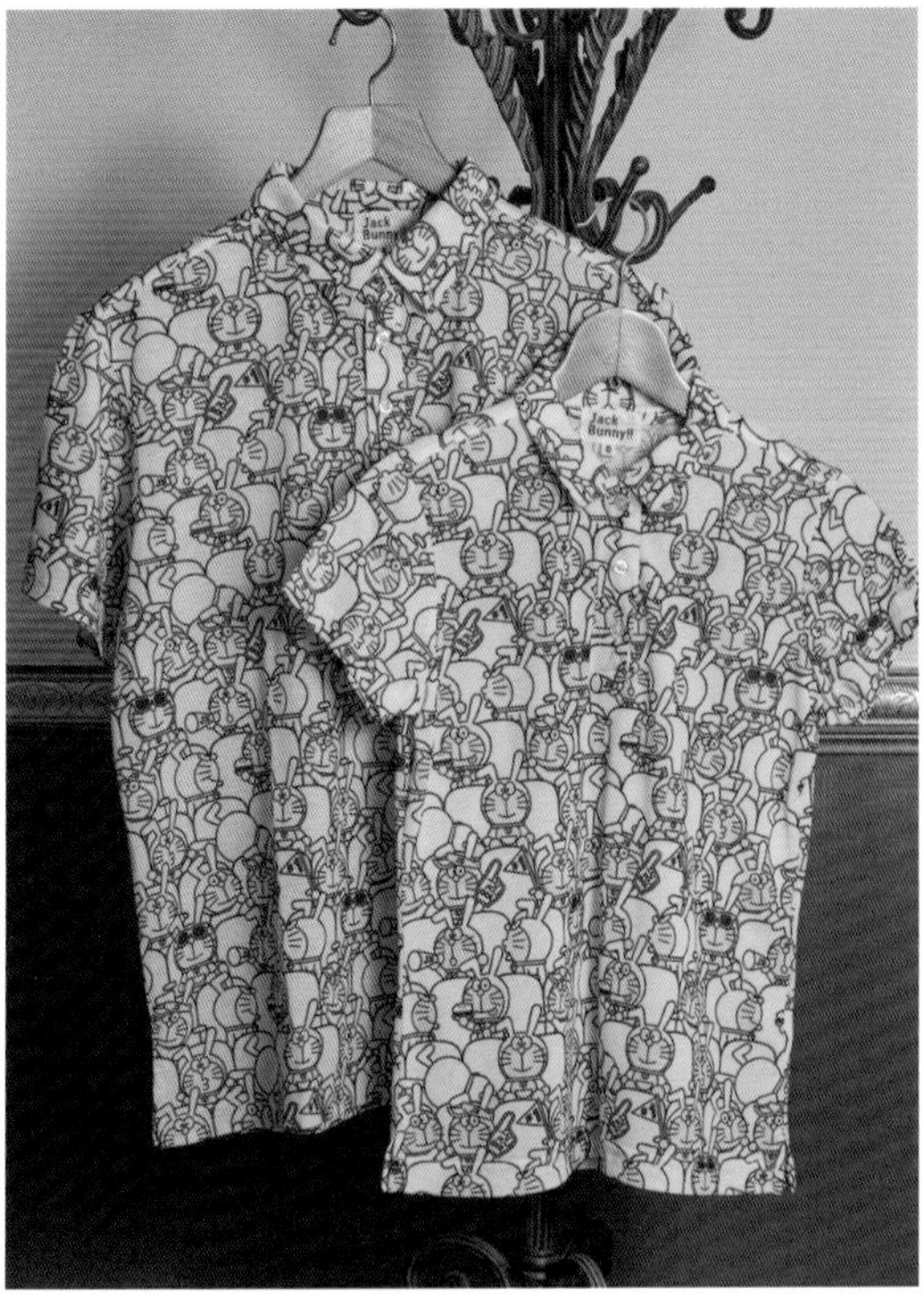

ドラえもんが並ぶおそろいのウエアは「ジャックバニー」。普段なかなか着られない柄を着られるのも楽しい。

『マダムシンコのゴル友！２』の撮影風景。

[Golf wear]

ゴルフウエアだと気軽にペアルックができる

銀座でオーナーママをしていた際に、お客様のすすめでゴルフを始めた信子会長。幸治副会長にも教えたところ、夫婦の共通の趣味となり、ついには夫婦で出演するゴルフ番組まで持つように。現在は『マダムシンコのゴル友！２』（サンテレビほか）として、トータル10年以上

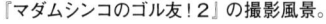

続く人気番組だ。
それゆえ、クローゼットにはカラフルなゴルフウエアもたくさん揃っている。最近のお気に入りは「マーク&ロナ」「パーリーゲイツ」など。
幸治副会長とおそろいのウェアも多い。普段は夫婦でペアルックを着ることはほぼないけれど、ゴルフウエアだと気軽に着られるのだそう。

スカートとゴルフシューズをおそろいに。ヴィヴィッドな色で脚線美が際立つ。

[Night style]

銀座のオーナーママの風格……。
夜を制するオーラ！

かつては銀座のナンバーワンホステス、そして銀座のクラブの経営者としてドレスを着ていた信子会長。さすが着慣れているだけあり、その姿は実に華やか！　普段とはまた違う風格が。ドレスを着るときのコツを尋ねると、

「とにかく姿勢よく堂々とすること。凛と顔を上げて、脇もキュッと締める」

夜の世界で数多くの人を魅了してきた会長。優雅に振る舞うコツも教えていただくと、

「常に人の視線を意識することが大事。姿も動きも、人から見られてると思うと自然と美しい振る舞いが身に付くね」

堂々たる姿にコンプレックスなどあるのかと思いきや、

「もうたっくさんあるで！　なで肩やろ。あとなバストが小さい（笑）」

明るく笑い飛ばす姿も魅力。

（右）還暦のお祝いに仕立てたという真っ赤なスパンコールのドレス。「ドレスはマーメイドラインが好き」。
（左）パリで購入したという一着。現地で撮影したCMの際に着用したことも。

[Beauty secrets]

1日にしてならず。美の秘訣

70歳を過ぎているとはとても思えない、スタイル、肌、髪。

セレブでもあるゆえ、さぞやさまざまな施術を受けているのかと思いきや、答えはまったくの予想外。「本当に地味なことを、本当に毎日続けている」。

毎日必ず朝晩30分かけてストレッチをして、体重計に乗る。椅子には背筋を伸ばして浅く座る。自分の手で全身の肌の感触

【髪】ヘアスタイルは20年前からメッシュを先取り。ヘアカラーを続けているのに、驚異の髪のツヤとボリューム。白髪も最近になってようやく出てきたというから驚き。

【肌】「銀座にいたときは週２でエステに行ってたけど今はまったく行ってない。美顔器もほぼ使わない。自己流やね」。最近のお気に入りは「AYポ・ノーブル」のマッサージスクラブと、「ハリーヴィーナス」のクレンジングと洗顔料。

【基礎化粧品】最近は「メナード」の最高級ライン、「オーセント」のクリームと乳液を使用。

【インナービューティー】美のためには食べ物も大事にしている。「いりこを甘辛く炒めておやつにしたり、コラーゲンたっぷりの豚骨スープを作ってストックしたり。身体が資本やからね」。

を確認する。風呂上がりには全身にボディクリームを塗りこむ。「シンコ特製ドリンク」を飲む――。
使っているものも若いころから変わらず、シャンプーは「ウエラ」、基礎化粧品は「メナード」、ボディクリームは「シャネル」。情報に踊らされず、地道な継続こそが美を作り上げると身をもって証明しているのだ。

SHINCO MAKI!

信子巻き

豹柄と並んで信子会長のトレードマークともいえるアップヘア。さぞや時間をかけているのかと思いきや、5分もあればできてしまうというから驚き。どんな洋服にも合う万能スタイル、その作り方を公開！

1 前髪を残し、後ろの髪を好みの高さでポニーテールにする。

2 髪をシュシュ（黒ゴムでも）でくくる際、最後の1回を通しきらずに輪っかにする。

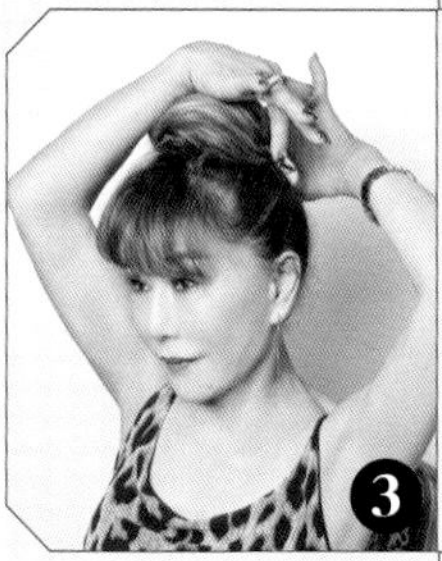

3 輪っかにした髪を少しねじりながら前にふんわりと倒し、Uピンで固定する（信子会長は2本使用）。

4 完成！ 好みによって、倒した髪に毛たぼを入れてボリュームを出したり、櫛《くし》のおしりでおくれ毛を出しても。「スプレーで少し固めても。夜まで全然崩れへんよ」

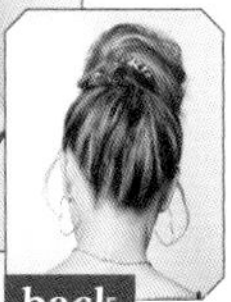

back

check!

【シンコ特製ドリンクの作り方】
コップ1杯の牛乳に、黒すりごま・白すりごま・きな粉をミックスしたものを大さじ2杯加えて、朝一気に飲む。「20歳のときから続けてる。元気でどこも痛いところがないのは、これのおかげだと思ってる」

本邦初公開！ 信子会長の寝室。「パープルとワインレッドと豹柄で大変なことになってるな（笑）」。迫力の豹柄のドレッサーも「ヴェルサーチ」のもの。

Column

「なぜ豹柄を取り入れ続けるの？」

私が豹柄を着るようになったのは、水商売を始めた20歳のころ。

当時は、カルーセル麻紀さんのお仲間系のおねえさんたちがよく豹柄を着ていて、そういうおねえさんたちによく可愛がられていた私は「信子に絶対似合うから」って、豹柄の服をよくプレゼントしてもらっていたんです。

自分で言うのもなんですが、確かによく似合ったし、気持ち的にもすごくフィットして。そこからですね、毎日のように着るようになったのは。特に、ピンクと合わせるのがお気に入りです。

当時は18歳で結婚してすぐ離婚し、家出して水商売を始めたころで、豹になって自由に外の世界を駆け回りたい気持ちと、豹のように強くなって、どこか不安な自分を鼓舞したい気持ちもあったのかもしれません。

これまでに多くの豹柄のアイテムを手に入れてきましたが、実は豹柄であればなんでもいいというわけでもなくて。色や形、大きさなど、好みの豹柄というのがありますね。

『マダムシンコ』のなじみのパッケージも、自分で「こういう豹柄がいい」ってこだわってデザインしたものなんですよ。

ちなみに実際の豹も大好き！　叶《かな》うものなら自宅の庭に設備を作って豹を飼いたいくらいです。

もうここまできたら生涯、豹柄を極めようと思っていて。

「もし死んだら、そのときは豹柄の死装束で豹柄の棺桶に入るわ！」って、幸治くんに話しています（笑）。

Chapter 4
華麗なる日常

信子会長の人生は、まさに波乱の一言。極貧の幼少期から這い上がり、銀座のクラブ経営者にまでなったものの、バブル崩壊と焼き肉チェーン店の経営難で再びどん底に。そんな中2002年に洋菓子店「マダムシンコ」を開き、大ヒット商品「マダムブリュレ」を生み出したことで人生大逆転。実業家として成功をおさめ、マスコミでも大人気に。そして現在も、株式会社カウカウフードシステムの会長として忙しい日々を送っている信子会長。その華麗な1日に密着すると……。

出社は豹柄をほどこした真っ赤なロールスロイスで。車の運転は好きで、お酒を飲んだ後の幸治副会長の送り迎えをすることも。

[Before work]

出勤前にはしっかりルーティーンをこなす

朝はいつも7時半～8時ごろに起床。まずはベッドの上で30分かけてストレッチ。窓を開けて、トイレに貼ってある「年間目標」を読み、仏壇を拝んで、コーヒーを淹《い》れて、ペットたちにごはんをあげるのが信子会長の毎朝のルーティーン。

「朝はいつも気分がいい。嫌なことは全部前の晩のうちに消化して、寝たらもう全部忘れてるから。そして朝のクリアになった頭に『年間目標』を叩き込む。朝の過ごし方が人生を作ると言っても過言ではないと思ってる」

出社は豹柄をほどこした真っ赤なロールスロイスで。車の運転は好きで、お酒を飲んだ後の幸治副会長の送り迎えをすることも。

Working

本社と工場では、いつも和気あいあい

「マダムシンコ」の豊中工場に到着。2012年に建てられたバウムクーヘンの製造を担うこの工場、なんと外観がピンクと豹柄！

「ここは社員総出で夜通しバウムクーヘンを焼いて、年商50億円をたたき出した思い入れのある場所。『マダムシンコ』のすべてはここから生まれます。それゆえ、いかにも工場という見た目ではなく素敵なものにしたかった」

ここは本社でもあり、2階には会長室が。指示を出す信子会長は目配りが細やかで、スタッフさんとのコミュニケーションも密。ピシッとした言葉の中に、時には笑いが起きる楽しさも。

豊中工場の前で。「マダムブリュレ」のパッケージをイメージしている。

仕事相手には、まめに直筆の手紙を書く。「相手の顔を思い浮かべて、なるべく素直な言葉で。手紙はその人を思う気持ちが伝えられる気がする」。

①豪華なシャンデリア。②本社の廊下の天井に描かれているのはバウムクーヘンを持つ豹。③講演先の高校の書道部が寄贈してくれた書。

④⑤ピッカピカに磨き上げられたトイレ。壁紙も部屋のものと同じ。「入り口も出口も同じ。どっちもキレイにしとかなあかん」。

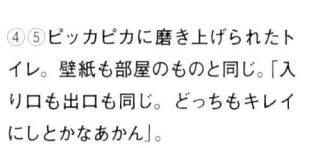

「マダムシンコ　箕面本店」へ。洋菓子店に喫茶が併設されていて、2006年のオープン以来、地元のお客様とファンに長く愛されているお店だ。大ヒットの看板商品「マダムブリュレ」もここから生まれた。

「この店は幸治くんのアイデアで、内装をちょっと銀座のクラブっぽくシックにして。結果、お客様に非日常感を味わっていただけるお店になったなと。何よりも老若男女のお客様が来てくれることが嬉しい」

現場のスタッフのことも常に気になるという。

「もちろん経営者として実務について厳しいことも言うけど、ちゃんと元気でやれてるのかの方が気になって仕方ない。もう口うるさいオカンやな（笑）」

[Shop&Cafe]

打ち合せも、お客様との触れ合いも楽しい

気さくにお客様とも触れ合う。明るい会長はどこに行っても人気者で、撮影中も見かけた人たちはみなさん喜んでいた。

①店長の永田菜穂子さんと。②パティシエは太田弘信さん。在籍年数が長いスタッフが多く、転職しても数年後また戻ってくる人が多いという。

仕事の打ち合わせ風景。松本社長、野村さんなどを交えて新規事業について語り合った。ときおり笑い声が出る楽しい会議。

喫茶が併設されているマダムシンコ箕面本店。

完成したばかり、らせん階段がおしゃれな「G PLATE Kitashinchi 8」ビル。オープンする店では信子会長も着物姿で接客予定。しかも「豹柄のピアノを置こうと思ってる！（笑）」

［New business］

新規事業を決定。経営者としての矜持《きょうじ》

箕面本店で仕事の打ち合わせをした後、大阪を代表する高級歓楽街、北新地へ。ここにあるビルに、信子会長と幸治副会長が新たに手がける高級クラブ「クラブ・マダムシンコ」が2024年春にオープン予定なのだ。その準備が急ピッチで進む中、大事な商談を終えたみなさんをパシャリ。紅一点。自宅とも会社ともまた違う、実業家としての貫禄ある姿がカッコいい。

今、経営者として信子会長が思うことは、「大阪へ戻ってきて、焼き肉店の経営で苦労した7年は長かった。でもそこでだいぶツンツンが消えて、まともな人間になった気がする。経営者として多くのことを経験した今、この年でまた新たなこと始めてみようと思って。どんな店にするのか、いろんなこと考えてる。楽しみにしてて！」。

Column

思い出の店「肉創作 味粋 千なり」（大阪・北新地）

大阪きっての大人の歓楽街、北新地。ここで長年居を構える隠れた名店が「肉創作 味粋 千なり」だ。

吟味された黒毛和牛肉が中心で、刺身、焼き物、汁物など、さまざまな調理法で楽しませてくれる。店主夫妻が自らの足で選んできたという、珍しい日本酒の古酒も絶品で、舌の肥えた客たちを毎晩うならせているという。

実はこの「千なり」、現店主・江口隆さんの兄である故・和博さんが2代目の店主で、信子会長ともゆかりの深い人物なのだ。

「江口（和博さん）は、私たちが帰阪して、焼き肉店を始めたころからの右腕でした。狂牛病や店舗の不審火など、苦しい思いも一緒にしたものです。『マダムシンコ』の初代の工場長も務めてもらい、本当によく私たちを支えてくれました。お酒が強くてね、よく一緒に飲みましたよ。それから独立して、この肉料理店の『千なり』の2代目店主になったんです。

その後、江口は体調のこともあって故郷の福岡に帰るんやけど、私も九州に行くときは福岡まで会いに行ってましたよ。今はもう会えないけれど、たまに新地に来るときは『千なり』に行くんです」（信子会長）

弟の隆さんもこう語る。

「体調を崩した兄が地元に帰ることを決め、その際に私がこの『千なり』を継ぎました。私で3代目ですが、この店は創業してから50年、こちらの店舗になって22年になります。兄が亡くなってもう10年以上になりますが、いまだに会長が気にかけてくださっているのは嬉しいですね。本当にパワフルな方で、いらっしゃるたびにパワーをいただいている思いです」

長く続く名店ならではの感動エピソードだ——。

「肉創作 味粋 千なり」
大阪市北区曽根崎新地1-2-24　ニューウメダビル 3F　☎06-6341-0290　定休日・日曜、祝日

[Bond of love]

結婚して 30 年、夫婦の絆

1日の仕事を終え、夫婦で正装してお出かけ。幸治副会長は元モデル。立ち姿もカッコよく、どんなポーズもサラリとキマる。

日々忙しいふたりにとって、ゆっくり語らえる貴重なひととき。あらためてお互いについて尋ねると、

信子会長「幸治くんの尊敬するところは、出会ってからずっと心がキレイなこと。人生のどん底だったときも、幸治君だけは私のそばにいてくれた。幸治くんとじゃなかったら間違いなく今の私はいない」

幸治副会長「信子会長は僕にとっては、母のような父のような姉のような、自分にはないすごいものを持っている人。僕はパートナーを信じきることが大事と思っていて、そのうえで僕の役割に徹したいですね」

信子会長「夫婦円満の秘訣は尊敬と感謝。年をとるごとに『ありがとう』という気持ちがさらに増してる。お互いニコイチ、〝ふたりでひとつ〟になっていってるね」

苦楽をともにし、来年には結婚30周年を迎えるふたり。その絆はますます強いものに——。

幸治副会長に対して、照れくさいことは手紙で伝えているという信子会長。副会長はそれをすべて大事に取っているのだそう。

Chapter 5

思い出の写真たち

嬉しいことも悔しいことも、悲しいことも楽しいことも、振り返ればみんな素敵な思い出。

悩みは人生のティーブレイク。たまに味わうほろ苦さはカラメルの味にも似ている……。

『マダムシンコ』のスイーツのパッケージを開くように、信子会長の華麗なる人生劇場をひも解きました。

Shinco

[Memory]

子どものころ、銀座時代、結婚……

1951年に島根県で生まれた信子会長。力強く生き抜き、素敵な伴侶《はんりょ》・幸治副会長と運命的な出会いを果たした。

その後は二人三脚でやってきた2人。入籍当初はできなかった結婚式を、会長の還暦を記念にハワイで挙式。そんな結婚生活も、もうすぐ30年に。

EXCLUSIVE

[Challenge]

挑戦、出会い、前進……

「マダムシンコ」が全国区になり、さまざまな出会いが増えた。
海外出張も……。信子会長の隣には、いつも幸治副会長がいる。
ジャングルを駆け抜ける、美しい一対の豹のように。

全社をあげてオリックス・バファローズを応援中。京セラドーム大阪のスポンサーでもある

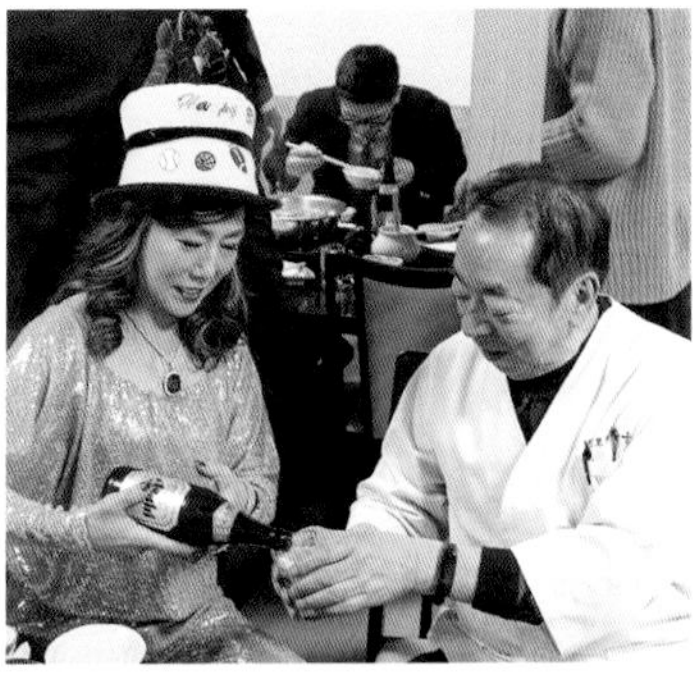

[Precious family]
大切な人たち

本社の経営事業から一歩引いたものの、アゼルバイジャンで農地を購入して小麦の栽培を始めるなど、まだまだ新しい方向へ向かって進んでいる。いつまでも衰えない〝信子ママ〟のパワーの源は、親族や会社のスタッフなど、愛すべき人たちがたくさんいるから——。

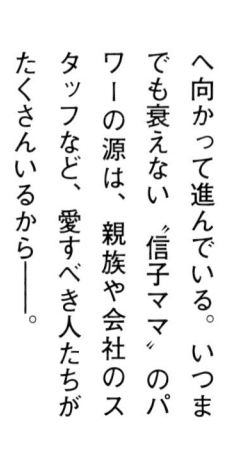

吉田正尚選手(2022年～レッドソックス)の結婚披露宴に提供したウエディングケーキ

2023年9月に21歳の大往生を遂げた愛猫のミーコ。
「苦労していた時代からの長い付き合いやったね」。

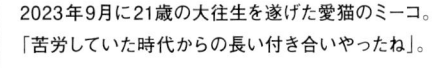

Je Suis La
Panthère

Chapter 6

人間ドキュメント

題字・永 六輔

大阪名物「マダムブリュレ」開発者・マダム信子 差別や借金と戦った〝人生の味〟のバウムクーヘン

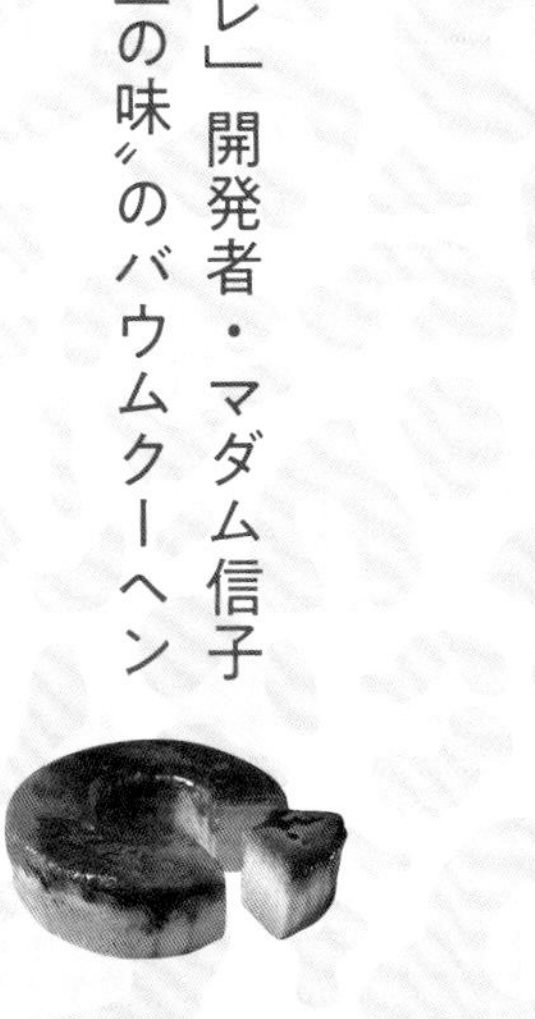

年商50億円の大阪きっての カリスマ会長

豹柄にピンクを掛け合わせたパッケージ。フランス産の赤砂糖をまぶし表面をカラメリゼした、メープルシロップとバターがしみ込むバウムクーヘン。常温、加熱、冷凍状態と3種類の〝口福〟がある——。

「マダムブリュレ」は、スイーツ界の常識を覆した逸品だ。

「最初にパティシエに提案したとき『なくような商品はダメだ』と言われました。〝なく〟というのは、ジャリジャリするような食感のことで、そんなスイーツは常識としてありえないと。邪道で結構。誰もやってないのやったら勝ち目がある。素人だからこそ作れる新しいもんがあるんです」

自らも豹柄に身を包む、生みの親である川村信子会長、通称〝マダム信子〟は、そう笑いながら吠える。

「貧乏だった子どものころ、誕生日に母が焼いてくれるホットケーキが年に一度の贅沢やった。そんな懐かしい母の味をベースにして作ったのがマダムブリュレなんです」（信子会長、以下同）

マダムブリュレは瞬く間に話題となり、大阪を代表するスイーツとして躍進。製造・販売元の株式会社カウカウフードシステムは、年商50億円の企業へ

（週刊女性2022年9月13日号特別企画を再掲）

と成長し、マダムシンコは大阪きってのカリスマ会長と呼ばれるまでになる。

２０２１年11月、広告を出す京セラドーム大阪で、「マダムシンコデー」と題されたホームのオリックス・バファローズと千葉ロッテマリーンズのクライマックスシリーズが行われた。始球式を務めたのは、ユニフォームの下に豹柄を着込んだ会長・マダム信子その人だった。

沢村賞にも輝く日本球界を代表するバファローズの投手で、信子会長と親交のある山本由伸選手は、「人に対しての愛をとても感じます」と語る。同じくチームに欠かせない投手である山岡泰輔選手も、「若い人に合わせることができますし、表裏がない方なんだと感じます。選手が喜ぶ応援の仕方を考えて応援してくれます。とても励みになります」と話す。

それを示すように、試合前、ナインが集合し、自然に信子会長を囲むように円陣を組む――というシーンがあった。おりしもコロナ禍。それにもかかわらず、である。

マダム信子の周りには、おのずと人が集まってくる。人を愛し、人に愛される。それは、もがき苦しんだ道を歩んだからでもある。

「逃げない、捨てない、諦めない。この言葉に感謝やと思う。何度、逃げよう、捨てよう、諦めようと思ったか」

マダムブリュレを口に運ぶと、カラメルのほろ苦さとバウムクーヘンのやさしい味わい、メープルシロップの甘さが口の中に広がる。人生の悲喜こもごもが詰まっているかのような味。それは信子会長の人生、そのものでもある。

生きていくために
残飯も食べた子ども時代

川村信子は、在日韓国人２世として島根県に生まれた。５人きょうだいの長女。小さいころはリヤカーで残飯を集め、家畜の餌として売ることで生計を立てている、裕福とはほど遠い家庭だった。

「残飯の中から食べることができそうなものを、母が選んで洗ってくれて。生きていくのに精いっぱいやった」

10歳のとき、一家は大阪へと引っ越す。生活は変わらず貧しいものだったが、「それより差別がひどかった」と苦笑しながら当時を振り返る。

「韓国人というだけで、学校の先生からも同級生からも、たくさん差別を受けました。好きだった男の子も、私が韓国人だとわかると態度が豹変して……それで失恋したときはさすがにへこみました」

今でこそ明るく話す信子会長だが、思春期の女の子の心中は穏やかではなかっただろう。「何でもはっきり言う子やったからね」。そう回想するように、時には悪目立ちすることもあったというが、持ち前の負けん気で、いじめを働く男子学生を〝成敗〟していたというから、マダムの片鱗、恐るべしである。

後日談となるが、マダムブリュレがヒットした後、信子会長は仕事関係者や取引先が大勢集まる場で、自身が韓国人であることを公表した。

「父や母からは言う必要なんてないのにと言われたけど、私は自分の生まれに誇りを持っていた。公表後、あるデパートからは取引の打ち切りを告げられたけど、それがなんやねんですよ」

　日本国籍を取得する前の韓国名は、「許信子」。著書『やまない雨はない』には、こんな一節が書かれている。

――人を許して信じられる人間になるために、さまざまな困難や試練と戦い続けてきたような気がします――

「貧乏で差別も受ける。でも『なにくそー負けるか！』という気持ちだけは強く持っていました」

　父の指示で、18歳にして見合い結婚をさせられたが、杓子《しゃくし》定規な道ではなく、自分で人生を切り拓くことを渇望していた信子会長は、厳格な父に逆らう形で離婚する。

「父からすれば恥以外の何物でもない。結局自分ひとりで生きていくしかなかった」

　たどり着いた先が、自ら「天職やと思う」と語るサービス業、水商売だった。

　その言葉どおり、破竹の勢いで水商売の手腕を発揮していく。20歳で経営した喫茶店兼スナックを皮切りに、北新地の高級クラブでナンバーワンになると、自ら店を経営するまでに。不動産事業や貴金属販売なども手がけ、実業家として頭角を現すと、ついには上京。38歳のときには銀座のクラブのオーナーママに上り詰めた。

　銀座進出後、信子会長の人生を左右する出会いが訪れる。

「バイト希望で男の子が面接に来たんやけど、顔を見るとずいぶんくたびれていたから話を聞くと、俳優やモデルを目指して大阪から上京したけどうまくいっていないと。夜の仕事にも向いてなさそうだったから『ご飯代とタクシー代や』と言うて、1万円を渡して帰したんです」

　翌日、彼は律義にレシートとおつりを返しに再び来訪した。

「こんな優しい子が、競争社会のモデルやタレント業界で生きていけるとは思えへん」。半ば呆《あき》れたが、信子会長はそのきまじめさを買い、「金庫番にはちょうどいいかも」と雇用する。カウカウフードシステム社長（当時）であり、伴侶となる夫・幸治さんとの出会いだった。

「自分がこうと決めたら、そこに向かって突っ走る人。そして本当に面倒見がいい」

　照れくさそうに幸治さんが、信子会長の印象を話す。その姿は、今も昔も変わらないと言う。

「会長は華やかに見えると思うのですが、その陰ではものすごく努力をされている。白鳥のように、水面の下では必死に水をかいている。そして、お客様に対しても、社員に対しても愛が深い。そういう姿に惹《ひ》かれていったんだと思います」（幸治さん）

　2人の年の差は、実に19歳。だが、「交通事故に遭ったと思ってください……」。出会いから数年後、幸治さんからこうプロポーズを切り出された。そして、共に人生を歩むことを決意した。

「色ボケだの財産目当てだのいろいろ言われましたよ。でも、私は幸治くんの控えめやけど、日々努力を怠らない性格が大好きで。この人とならプライベートも仕事も何があっても乗り越

えられると思ったんです」
このときはまだ、その言葉を確かめるかのような受難が降りかかるとは、当然、2人は知らなかった——。

銀座の成功から一転した大阪での開業

まさしく激動というにふさわしい信子会長の半生。その中で、「もっとも感慨深い時代を挙げるならいつですか?」と質すと、「焼き肉店時代かな」とポツリとこぼす。

「努力ではなんともならないことが多くて、人生でいちばんつらかったときやったから」

'90年代後半、バブル崩壊の影響が色濃く反映し始めたことで、銀座の景気は誰の目から見ても下り坂だった。店を構えてから約10年。潮時を感じていた信子会長は、夫を交通事故で亡くした妹や老いていく両親との時間を有効に使うために、大阪に戻ることを考えた。

「大阪で違うことにチャレンジするんやったら、夜の商売以外と決めていました。幸治くんもいるし、普通の飲食店がしたいと考えていたんです」

くしくも、友人から居抜きの焼き肉店の話が舞い込んだ。資金を出し、自分たちで運営することを決める。

「1999年8月、高槻市に『焼肉かうかう倶楽部』をオープンしました。私たちの社名、カウカウフードシステムはここからきてるんです」

リーズナブルな価格での食べ放題などで、お客さんを呼び込んだ。その結果、店は軌道に乗り始め、6店舗を有するまでに発展する。ところが——、ここ日本でも狂牛病問題が取り沙汰されるようになる。あの吉野家が、牛丼の販売を'04年2月から'08年9月まで販売中止にしたほどの騒動であった。

当然、その影響は2人の店にも飛び火した。

「お客さんが来ないから売り上げはほぼなし。仕入れもきついし、スタッフは雇えない。情けなくて、悔しくて……」

ふくれ上がる借金。店舗は本店のみにし、肉体的にも経済的にも極限状態で働き続けた。成功したはずなのに、再び人生がひっくり返った。

「幸治くんは、仕入れの途中に高速道路で、車をぶつけられたこともあった。でも、店の仕事があるからって病院に行かへんのですよ。

店に出すキムチを自分で漬けながら、私みたいなおばさんを捨てて、幸治くんはどこかに行ってくれてもいいのにと何回思ったか。彼はまだ30歳くらいですよ。不憫《ふびん》でね」

声を震わせながら、ひとつひとつ噛みしめながら、あのころを思い出す。

「一度だけ、母のところにお金を借りに行ったことがあったんです。持ってきた母は、私に投げつけ、『拾え』言うんです。泣きながら、『私も悔しい。その金のありがたみと重みを覚えとけ』って。帰るとき、バックミラーに映る杖をついた母の姿を見て、自分はなんて情けない女なんだと涙が止まらなかった」

試練は、まだ終わらない。唯一稼働していた本店が、不審火によって全焼してしまったのだ。建物のオーナーは、居抜き物件の持ち主だったため、信子会長たちが火災保険による見舞金を受け取ることはなかった。

残ったのは、莫大《ばくだい》な借金のみ。

「もう終わりや思いました」

1人では立ち直れなかった。でも、傍らには幸治さんが居続けた。そして、諦めていなかった。幸治さんが振り返る。

「一体いつまで狂牛病に翻弄されるかわからない。だったら、もう焼き肉店はなくなったのだから、違うことをすればいいと思いました。運よく銀行からの融資があったので、その資金をもとにできる範囲で新しいことをしようと（信子会長に）伝えました」（幸治さん）

このとき、時代は飲酒運転に対する罰則が強化され、段階的に施行されていた。2人は、ロードサイドに酒を提供するような店舗をつくることは厳しいと考え、喫茶店に活路を見いだす。フランチャイズ契約ではあるものの、200万円から始められる和風喫茶の募集を見つけるや、即断即決した。

「そうと決めたら会長の〝なんとかしてしまう力〟はすごい」と幸治さんが笑うように、新事業『甘味茶寮川村』はオープンする。全焼から5か月後のことである。当然、多額の借金を抱えたまま。だが、信子会長はこう笑い飛ばす。

「やるいうたらやるしかないんですよ。絶対に這《は》い上がってやる言うてね」

頬を伝っていた涙は、すっかり乾いていた。

アイデアマンの夫とともに乗り越えた

大阪府箕面市に、マダムシンコ本店はある。

甘味茶寮川村オープン後、幸治さんは知人を介してパティシエと知り合う。そして、新たにケーキ店を出店することを決めるのだが、そのお店こそ、箕面市にあるマダムシンコ本店だ。

店内の内装から始まり、食器、パッケージ、従業員のユニフォームまで、ぬかりなく豹柄で彩られている。

毎週日曜日になると、信子会長自ら店頭に立ち接客を行う。信子会長に会いたいと、数多くのお客さんが足を運ぶ。

「先日、団体のお客様がいらっしゃるということで信子会長が接客したのですが、やっぱり信子会長がいるのといないのとでは熱気が違うんです」

スタッフの話を横で聞いていた信子会長は、「ミッキーマウスやないんやからな。あ、ミッキーは会計はせえへんから私のほうが働くか」と笑う。

ゆっくりと店内を見渡すと、「自分たちで内装やったりね。ここはホンマに今につながる場所」と、わが子を見つめるように本店への愛情を語る。

店内でも販売されている「マダムのわらびもち」は、マダムブリュレ誕生前の主力商品であり、甘味茶寮川村時代から提供する、いわばマダムシンコの象徴といえる看板メニュー。その横に、マダムブリュレや新作バウムクーヘンが鮮やかに並ぶ。本店は、マダムシンコの過去と現在が重なり合う、人生を再逆転させたホームグラウンド。

ケーキに夢を託した理由を、幸治さんはこう語る。

「当時の洋菓子店業界は、サービス業のエッセンスが圧倒的にありませんでした。パティシエ自らが『いらっしゃいませ』と出迎えるようなことはしません。お客様も購入したらすぐ退店する。サービスの塊《かたまり》のような会長のキャラクターや、手腕を融合させることができたら……必ず面白くなる予感がしたんです」（幸治さん）

マダムシンコ誕生前夜。仕掛

け人である幸治さんは、なけなしのお金50万円を使って、信子会長の宣材写真を撮影し、〝元銀座のママが手がけた洋菓子店〟というキャッチコピーを打ち出していく。

「幸治くんはアイデアマンなんですよ。彼がいなかったら、今の私はないんです」

常識にとらわれないパッケージと味

甘味茶寮川村オープンから数か月後の'06年11月、本格洋菓子と喫茶「マダムシンコ」はオープンした。もの珍しさからか、雨が降る中でも行列が途切れることはなく、その姿を見た信子会長は、感謝の気持ちから、急きょ、手作りの「サービス券」を配り出したほどだった。

だが、こうしたケーキ業界の慣例にない接客態度に反発したのが、ほかならぬ自社のパティシエたちだった。

「洋菓子をそんな品のない売り方をするな」

ところが、元銀座のママが手がけた洋菓子店に大行列——という話題を嗅《か》ぎつけたテレビ番組が取材に来た。近い将来、パティシエたちとは袂《たもと》を分かつだろう。そんな予感からか、信子会長と幸治さんは、彼らが作った洋菓子ではなく、比較的簡単にできる焼きたてのバウムクーヘンを紹介する。放送後、それを目当てに再び行列ができたことは言うまでもないだろう。

「そしたら阪急百貨店のバイヤーさんから、催事に参加しないかと誘われたんです。でも、焼きたては1日に700個しか作れない。バイヤーさんと相談して、あえて新しいバウムクーヘンを作って出しましょうとなったんです」

パッケージは、業界で通例となっているオレンジを採用するべきだと言われたが、

「右も左もオレンジばかりで見分けがつかへんやんって。私はピンクで勝負したかった」

方向性の違いから、やはりパティシエたちは辞めていき文字どおり二人三脚で開発と製造を手がけた。冷凍状態でも美味しく食べられるバウムクーヘンならば1日700個の壁を越えることができる。いや、信子会長の言葉を借りれば、「壁は乗り越えるものではなく、ぶち破らなあかん」。人生だけでなく、常識もひっくり返したバウムクーヘン「マダムブリュレ」が誕生した瞬間だった。

「とにかくたくましい方」

そう信子会長を評するのは、アパホテル・元谷芙美子社長。プライベートで食事をするなど、親交を持つ仲でもある。

「私も実業家だと言われるけど、私は主人である会長（元谷外志雄さん）のおかげで今があるわけで、私でなくてもよかったかもしれない。でも信子さんは、たたき上げで実業家になられた。本当にすごいことだと思います」（芙美子社長）

運命のいたずらに翻弄されながらたどり着いたマダムブリュレは、信子会長と幸治さんの結晶体。わが子同然の商品が、飛ぶように売れていく姿を見て、「我慢はやっぱり大事やねん。諦めたらあかんね」と、自らに言い聞かせたという。

常識にとらわれないパッケージと味は、多くのファンを生み出し、信子会長の竹を割ったよ

うなキャラクターもあいまって快進撃を続けた。全国の催事ではスピード完売、楽天スイーツランキングでは1位を独走。あの日、途方に暮れている中で膨《ふく》らみ続けた、莫大な借金も返すことができた。

幸治さんに、なぜ逃げ出さずに苦難に立ち向かえたのか、聞いてみた。

「僕を会社の社長にして対外的に信用力をつけてくれた以上、投げ出してしまうと、僕の人生も終わってしまう」

そう正直な気持ちを吐露するが、こうも続ける。

「会長は、焼き肉店時代をつらい思い出としてとらえていると思うのですが、僕は……むしろ楽しかったんです。僕は、それまで夜の世界で仕事をさせていただいて、その間も俳優の夢を諦めることができず、いろいろなオーディションを受けていました。でも、うまくいかなかった」（幸治さん）

飲食業は、正直な世界だと思った――。

「オーディションは、理由もよくわからずに落とされる。でも、飲食業は自分が頑張った結果が見えやすい。自立して商売をしているんだという感覚が新鮮でしたし、お客様の喜ぶ顔を直接見るとやりがいを感じました。投げ出してしまったら、いろいろなものを失ってしまう。会長がいれば、きっといい方向に行くと思っていました。大変な時期でしたが、二人三脚のパートナーがママで本当によかったです」（幸治さん）

幸治さんが、信子会長に対して親しみを込めて話すとき、銀座時代の名残から「ママ」と呼ぶ。焼き肉店時代の話をすると、幸治さんの口からはママという言葉が自然とこぼれる。

10年後を思えば、今が大切なことがわかる。

「いちばんの信子さんの傑作は、マダムブリュレじゃなくて幸治社長よね」とは、前出・芙美子社長の弁だ。右腕を指さしながら続ける。

「この時計は、たしか幸治さんが社長になったときだったと思うんだけど、そのお祝いにって、私にプレゼントしてくれたもの。普通、お祝いっていったらもらう側なのに、プレゼントするあたりが気風《きっぷ》がよくてカッコいい信子さんっぽいよね」（芙美子社長）

前出の山本由伸選手も、「人が幸せになってほしいと心から思っている方だと思います。人の幸せを本当に祈って応援してくれているんだなと感じます」と話す。

人を愛し、愛される。ほろ苦い思い出も、人生の味つけだと思える日がやってくる。

会社の屋台骨として仕事をサポートし続けてくれた兄や弟の逝去、約3億円に上る空き巣被害など、信子会長の人生は借金完済後も七転び八起き。だけど、必ず起き上がる。

コロナ禍で窮地に立たされる同業者も多かったが、バウムクーヘンを切る際に生じる端の部分をまとめた新商品『訳ありバウム』が新大阪駅の売り上げランキングと楽天の総合ランキングで1位を記録するなど、カウカウフードシステムは今なお年商20億円をキープする。

「狂牛病のときも出口が見えなかった」と信子会長は振り返るが、「今はわらびもちが好調だから、今度『焼きわらびもち』という新製品を出す予定。これで楽天の総合1位を目指す！」と意気込む。さまざまな時代を乗り越えて今がある。だからこそ、やりようだってある。そのチャーミングなたくましさに圧倒される。

「鏡を見てスマイル。ほんまにそれだけで変わると思う。笑わへんかったら、元気になれへん。顔が笑っていれば、心もついてくるんよ！」

信子会長と話していると、こちらまで元気が湧いてくる。

取材の途中、「信子さん！」と笑顔で手を振るお客さんを見たのは、一度や二度ではない。会長がいるだけで、咲き誇る季節の花を見たように、心も雰囲気も華やぐのだ。

訪れた自宅は、ふだん人目に触れないキッチン部分、防火シャッター、果ては畳のへりまでもが豹柄だった。その徹底してブレない姿勢に驚愕するとともに、シンプルにカッコいい人だと感嘆した。

この人は、付け焼き刃な取り繕いではなく、アティチュード（姿勢）で勝負をしている。だからマダムシンコに魅せられる人は多いんだ。

「人生は1回しかないねん。10年前の私はまだ60歳でしょ、めっちゃくちゃ若い。でも、60歳のときの私は、50歳を同じようにめっちゃ若いと思っていた。今がどうであれ、後になったら、あのころは『若かった』ってわかること。おそらく80歳になった私は、70歳を『まだ若いやん！』と言うと思うんです。だったら、今どう生きるかがいちばん大事やと思う」

「やる言うたらやるしかない」。人を信じ、自分の芯を持つマダム〝シン〟コ。その姿に魅せられる人は、こんな時代だからこそきっとたくさんいるのではないだろうか。

道頓堀にあるマダムシンコの広告の前で

取材・文／我妻弘崇
撮影／山田智絵

あづま・ひろたか　フリーライター。大学在学中に東京NSC5期生として芸人活動を開始。約2年間の芸人活動ののち大学を中退し、いくつかの編集プロダクションを経て独立。ジャンルを限定せず幅広い媒体で執筆中。著書に、『お金のミライは僕たちが決める』『週末バックパッカー』（ともに星海社新書）がある。

Chapter 7

［漫画］マダムシンコ物語

私はマダム信子《シンコ》
今でこそ年商43億円を誇る「マダムブリュレ」を生み出した女社長といわれていますが、それも、山のような試練を乗り越えてきたからこそ――
そんな、マダム信子ができるまで――の物語《ストーリー》

ムニャ……
ふわふわホットケーキは卵と牛乳と
バターとメープルシロップをたっぷりつけて……
お母ちゃんお父ちゃんと
幸せの味……
やい！在日！
お前、匂うんだよ！
きたねえ服!!
!
在日のくせに学校来るんじゃねー

そして学校に行かなくなった…
うう…
当時「在日」はイジメの対象であった
父も母も韓国人
信子10歳の切ない思い出――
お母ちゃんお腹すいた……
ガラ
ガラ
ガラ
もう少しの辛抱やで……信子
父は島根を出て出稼ぎに
母と私たち5人の兄妹は「養豚場のエサの残飯運び」をして家計を支えていました
着るものはいつもボロボロで
食べるものは豚のために集めた残飯や
道端の草をとって家族で分けて食べていました
ぐう…

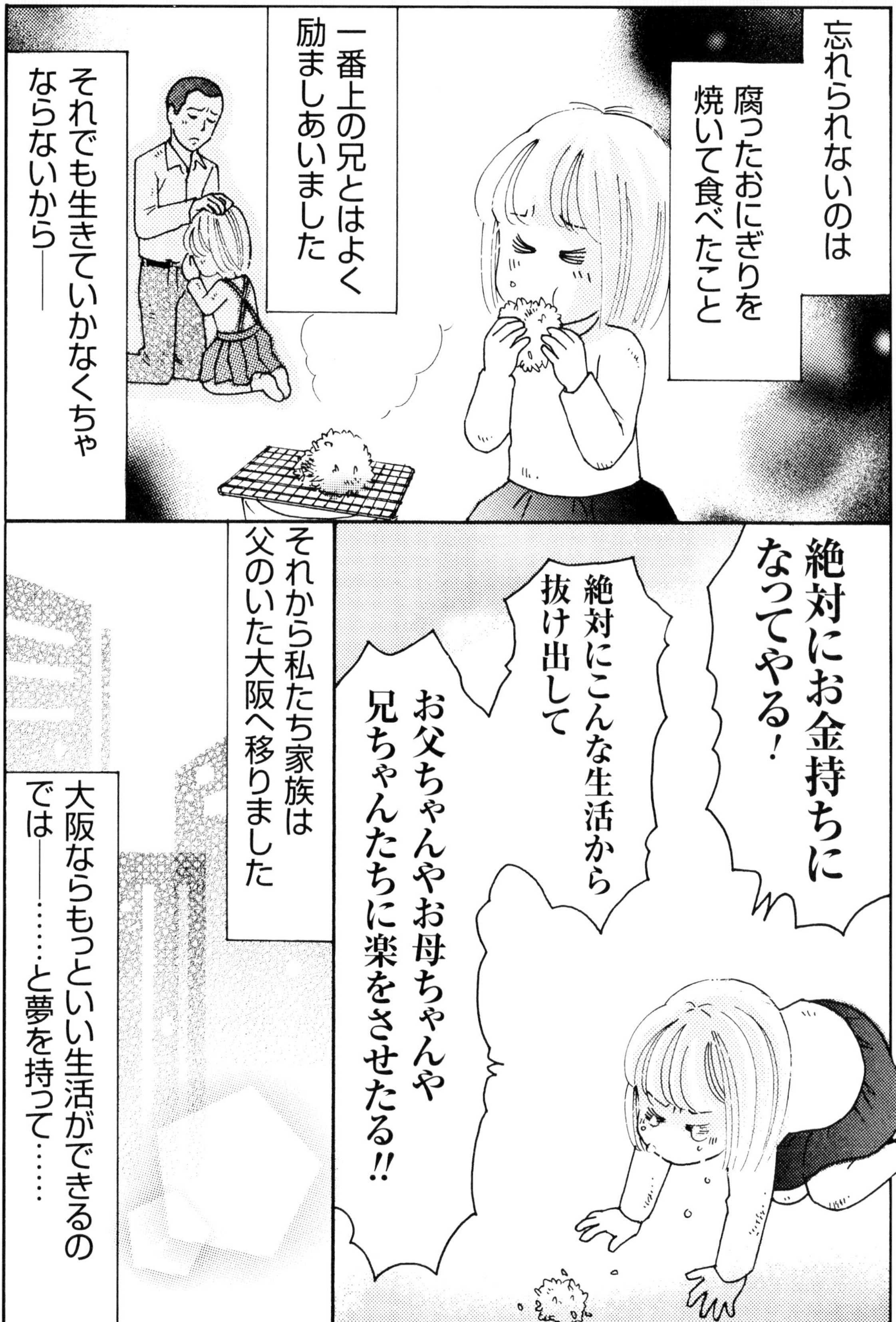
忘れられないのは
腐ったおにぎりを
焼いて食べたこと
一番上の兄とはよく
励ましあいました
それでも生きていかなくちゃ
ならないから――
絶対にお金持ちに
なってやる！
絶対にこんな生活から
抜け出して
お父ちゃんやお母ちゃんや
兄ちゃんたちに楽をさせたる!!
それから私たち家族は
父のいた大阪へ移りました
大阪ならもっといい生活ができるの
では――……と夢を持って……

だがしかし
現実は――
父が建てたバラック小屋に
家族9人……
ボロッ
がーーん
バラック小屋の現実　その①
体を伸ばして寝れない
いつもL字型
その②
台風が来ると屋根が飛ぶ
ピュー
キャ
わー
さらにものすごい
韓国人差別――
学校では児童ばかりか
先生からも辛辣《しんらつ》なイジメにあい
そのたびに
心で叫びました
負けるもんか！

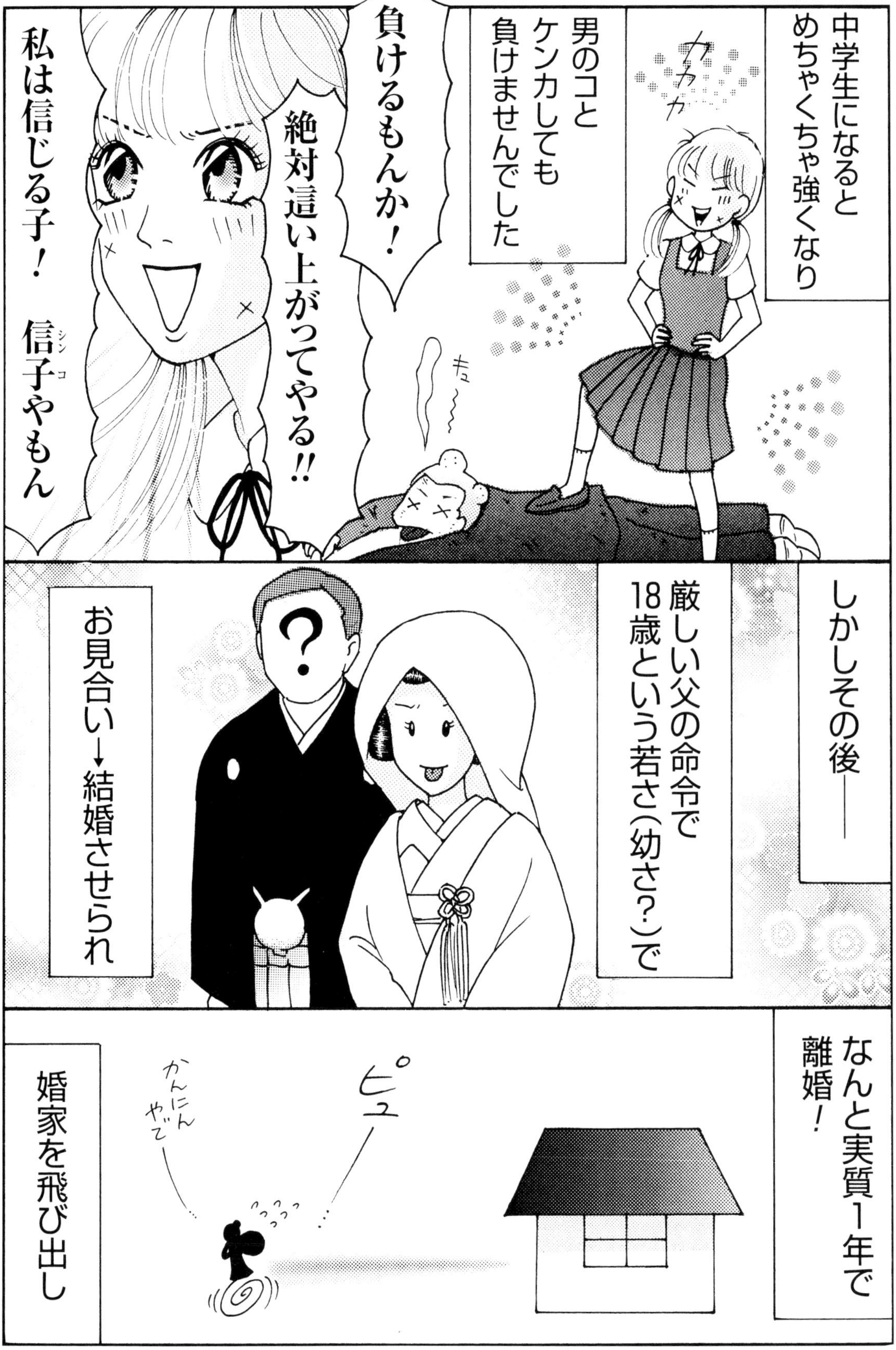
中学生になると
めちゃくちゃ強くなり
カカカ
男のコと
ケンカしても
負けませんでした
キュ〜
負けるもんか！
絶対這い上がってやる!!
私は信じる子！ 信子《シンコ》やもん
しかしその後――
厳しい父の命令で
18歳という若さ（幼さ?）で
お見合い→結婚させられ
なんと実質1年で
離婚！
ピュ
かんにんやで
婚家を飛び出し

父から勘当され
家がないのでラブホテルに住むの巻……
ち〜ん
でも転んでもはね起きるのが信子！
友人のつてでスナック&喫茶「non　non」を経営することに！
non non
いらっしゃいませぇ〜
信子《ハタチ》20歳
華々しくお水デビュー!!
さてさて
いきなり素人がお水デビュー!!
天性の才覚と話術と
美貌と運も神様も
味方につけちゃうのか!?
時は景気急上昇の
高度成長期
足を突っ込むのはドル箱かゴミ箱かっ!?

信子20歳《ハタチ》でお水デビュー
その後
その美貌と才覚で
お客は増えお店は繁盛
時は景気急上昇に沸いていて
ミニクラブ、レンタルレコード
ゲーム喫茶、貸本屋、宝石店
と多くの店を営むこととなりました
……でも
なんだか
不満やねん……
だっていくら
成功しても
今の状況じゃ
お山の大将
やん……
どうせやるなら
水商売では日本一の
銀座で勝負したい!!
信子37歳の決意!!
快進撃が始まるのです!

関西からいきなり
単身銀座へ殴り込み！
またもや家がないので
日航ホテルに住むの巻↓
→格が上がった♥
しかし　ここが信子のスゴイところ！
銀ホス信子は
なんと4か月で
ナンバーワンに輝きました!!
そして独立
「クラブ　シンコ」の誕生です
折しもバブル期
政界財界スポーツ界の大物が
湯水のように万札を使い飛ばしていた時代に
信子は銀座の真ん中にいました

そこで人生に光が差すような
運命の出会いがやってきます!!
信子ママ
バイトの面接の
男のコが来てるんですが
男のコはもう5人も
いてはるやろ
もういらんわ！　断って！
吉田栄作似の
いい男ですよ?
あらっ
ガタ
会うだけ会って
みようかしら♥
おまたせ

初めまして
川村幸治といいます
幸治24歳
信子44歳
20歳年下の
現在の夫との運命的な出会いでした
この日、夢がある
という彼を体《てい》よく断り
タクシー代として1万
円を渡し帰したが
夢を叶えなさいね
はあ
昨日は
ありがとう
ございました
ちゃりーん
!?
なんと次の日　タクシーの
おつりを10円単位まで
領収書と一緒に持って
来たではありませんか！

銀座では「チップ」として受け取るのが常識である「おつり」を……
なんと誠実な……
その日から幸治は信子の「付き人兼運転手」となり
やがて――
ママ……
交通事故にあったと思ってください！
はっ？
ポロ…
突然のプロポーズ……(!?)
それからは二人三脚で銀座の店を切り盛りしていきましたが
やがて銀座バブルがはじけ――
銀座から撤退し大阪に戻ることにしました
そして心機一転
焼肉 かうかう
2人で「炭火焼肉かうかう倶楽部」をオープンしました

そこは銀座で培った話術と接客術です！
店は繁盛
店舗はどんどん増え
これから！という時に
いらっしゃ〜い
からから
2001年　焼肉店にとって致命的であった「狂牛病事件」発生!!
やっと軌道に乗ってきた矢先のことでした
店は開店休業状態
借金だけが膨《ふく》れ上がりました
心が折れそうな夜
ママ
バ〜ラが咲いた♪
バ〜ラが咲いた
真っ赤なバ〜ラ〜が〜♬
「バラが咲いた」は20歳もの年の差の私たちの唯一、一緒にうたえる歌でした
自分も疲れてはるのに
フフ
だが　このあとまたもや神様はさらなる過酷な試練を私たちに与えたのです
ゴオオオオ

現在の夫・幸治と出会い二人三脚で励まし合いながら頑張ってきた焼肉店でしたが
まさかの狂牛病騒動で借金にまみれ
2006年なんと店舗が不審火で全焼!!
ゴオ
放火でした
もう　おしまいや…
…いや!
泣いているヒマはあらへんな…
借金も返していかんとならんし
そう! 泣いている時間も余裕もありません!

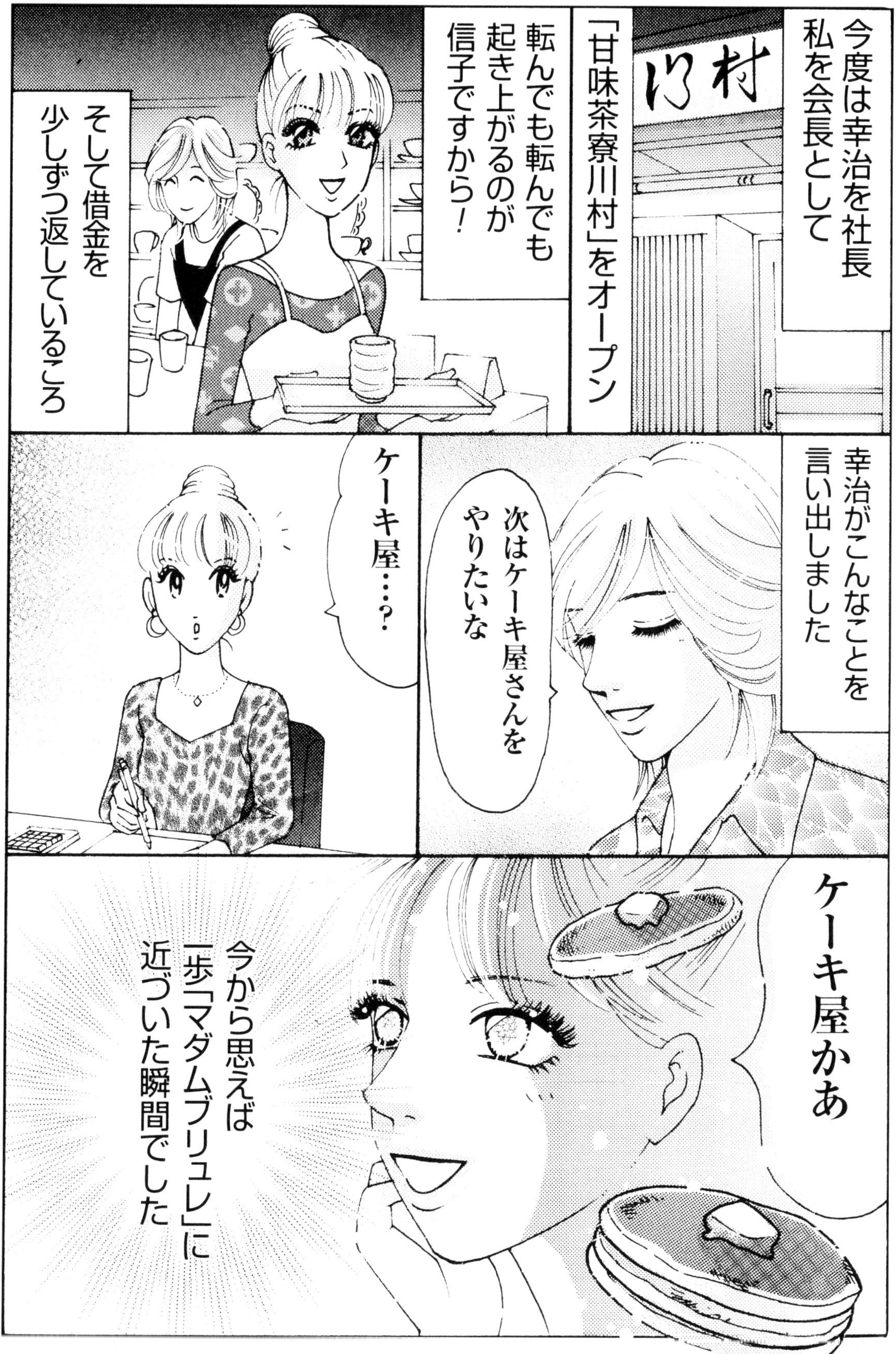
今度は幸治を社長
私を会長として
川村
「甘味茶寮川村」をオープン
転んでも転んでも
起き上がるのが
信子ですから！
そして借金を
少しずつ返しているころ
幸治がこんなことを
言い出しました
次はケーキ屋さんを
やりたいな
ケーキ屋…？
ケーキ屋かあ
今から思えば
一歩「マダムブリュレ」に
近づいた瞬間でした

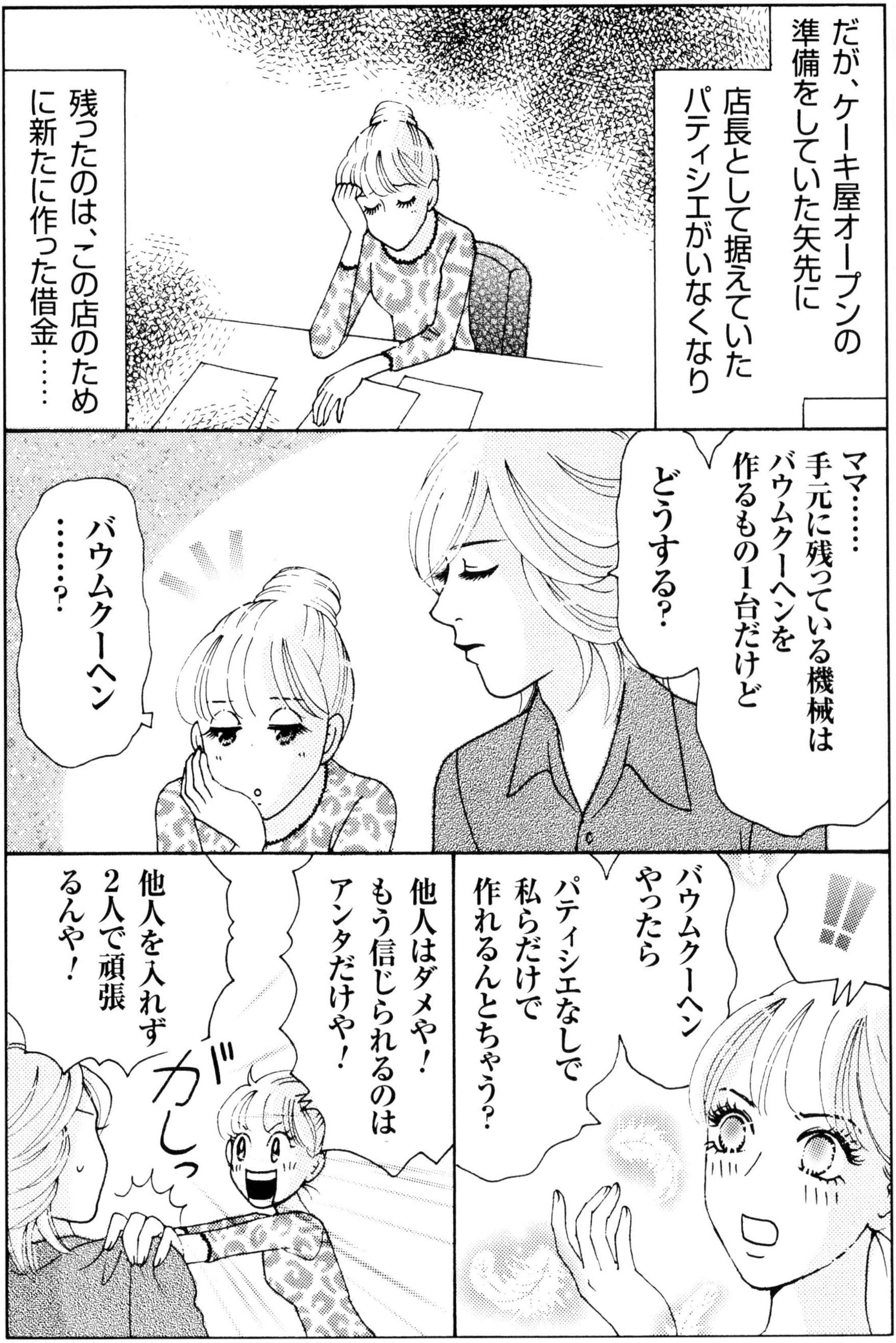
だが、ケーキ屋オープンの準備をしていた矢先に
店長として据えていたパティシエがいなくなり
残ったのは、この店のために新たに作った借金……
ママ……手元に残っている機械はバウムクーヘンを作るもの1台だけどどうする？
バウムクーヘン……？
!!
バウムクーヘンやったら
パティシエなしで私らだけで作れるんとちゃう？
他人はダメや！もう信じられるのはアンタだけや！
ガ
カしっ
他人を入れず2人で頑張るんや！

フワッフワの
お母ちゃんが
焼いてくれた
卵と牛乳と
メープルシロップの味の…
ホットケーキ
みたいな
バウムクーヘン!!
新しいけど
どこか懐かしい!
お母ちゃんの味の
バウムクーヘンを
作るんや!!
スイーツブランド
「マダムシンコ」の
誕生の瞬間でした!

2006年
大阪にパティスリー
「マダムシンコ」オープン
なんとオープン初日から
300人ものお客様が
並んでくれました
火事のあったその年に
オープンできたのです
うれしいなあ……
感謝や…
子どものころ…
貧しくてバウムクーヘンなんて
食べられへんかった…
たまにお母ちゃんが
作ってくれた
ホットケーキの
おいしかったこと……
だからマダムシンコの
バウムクーヘンは
ホットケーキの味を残して
あるんや……このカラメルは
昭和の味……
懐かしさが
こみ上げる
味や……
そんな思いで作られた
「マダムブリュレ」は
口コミで爆発的に
売れ始め——

梅田の百貨店での催事ではわずか20分で完売
ピンクの豹柄のパッケージも人気のひみつ♥
「マダムシンコ」は年商13億円スタッフ100人を抱える会社となっていきました
しかしマダムブリュレが順調に売れ始めたころ……
神様はまた今度は大きな試練を私に与えました
どんな時も私の味方だった兄が
亡くなったのです

兄ちゃん！
ウソや！
「マダムシンコ」が順調に軌道に乗り始めたころ
兄は亡くなりました
病気が発覚したときにはすでに余命3か月――
兄はずっと我慢していたのです
みんなに心配かけるから――
兄はそういう人でした

兄とは小さいころから「長男と長女」として励まし　助け合って生きてきました
いつでも　私の味方でいてくれて
18歳で嫁に行かされたときも
父にボコボコに殴られても
最後まで反対してくれた兄……
狂牛病騒動で　お金がないときに相談に行けば
悪いなあ　オレも金がないんや…
と言いつつ　なけなしの数万円を貸してくれました
会社では「専務」をやってもらっていました
会長！
妹なのに「会長」と呼ぶ律儀な兄
死因は肺ガン——
昔、父の建設業を手伝っていたときのアスベストが原因でした

兄ちゃん
これ、病気に
いいんよ！
「さすりの札」
言うてな
すまんなあ
さす
さす
兄ちゃん…
亡くなる1週間前――
マダムシンコの
社員たちに
「マダムシンコ」は
これからもっと大きい
会社になる
テレビに出たり…
だから君たちもしゃべる
練習をしなさい……
最期まで会社を
思っていて
くれました
そして本当に最期のとき…
本当に楽しかった
ありがとう
さようなら…
兄の最期のピースサイン

そして　のちにスタッフたちが言いました
あの兄のピースサインは
年商20億という意味だと…
兄の予言どおり(?)
その年マダムシンコは
年商20億を達成しました
兄ちゃん…
ありがとな
そして　その後また神様から試練を与えられました
なんと自宅に泥棒《と》が入り根こそぎ盗られたのです
被害総額3億円
宝石、毛皮いままで一生懸命働いて買ったものを全部盗られ
でも　いちばん悲しかったのは兄からもらった万年筆まで盗られたことでした…
兄ちゃんごめん…

私の人生には
なんと試練の
多いことか！
ドゥボーさん
万年筆だけ
返して……
でも最近は
こう思うのです
神様は
チャンスを
モノにする人に
試練を与えて
いる
試練は
チャンスの前触れなのだと！
神様は
努力する者を
見捨てない！

「マダムシンコ」の「マダムブリュレ」は
まだまだ快進撃をゆるめません
お母ちゃんが作ってくれたホットケーキをルーツに
これからも世のスイーツ好きを魅了して
離さないでしょう
笑顔と明るさと前向きを武器に
試練をチャンスに変えて
2人と そしてみんなで 進んでいく限り——

おわりに

ここまで目を通していただき、ありがとうございました。

「私の自己満足がまとまってるやん！（笑）」というのが第一印象ですが、改めて見返すと、すべての物事や人たちに感謝の思いしか出てきません。悲しいこと、悔しいこともたくさんあったはずなのに。

大きな家が欲しかったのは、大好きなみんなに来てほしかったから。豹柄が好きなのは、とにかく元気が出るから。宝石や洋服も大好きだけど、家族や私を慕ってくれる会社のスタッフたちのほうが大好きだし、大切です。

思い返せば、両親、とくに父には厳しく育てられて頭に来たこともありましたが、私は育ててくれた恩返しを十分できたと思っているから、今はいい思い出しかありません。「マダムシンコ」の黎明期《れいめい》を支えてくれて、ガンで亡くなった兄。もっと長生きしてほしかったけど、今は会社の守り神になってくれているのだと思います。

いろんな辛いことがあったけれども、そのおかげでどんな苦労にも乗り越えられている気がします。

そう、価値観って、年齢や見方によって変わるんだなとも思いました。

私は「やまない雨はない」という言葉が好きなのですが、これって、「雨＝嫌なこと」ということでもありますよね。

でも、私の場合、何かいいことがある前に天気が雨模様になったりするんですよ。だから、いいことも悪いことも、価値観しだいだな、って思うんです。

感情が動く、つまり悲しくても、嬉しくても涙は出る。

それが「いまを生きている」、ということなのではないでしょうか。

もうひとつ、私を支えてくれた言葉があります。

「逃げない、捨てない、諦めない」。

何度これらの反対のことをしたいと思ったことか。でもそのたびに父や母など、大切な人の顔が浮かびました。実行しなくてよかった。

生きている。いまここにいる。人とかかわって、泣いたり笑ったりできる。これほど幸せなことはありません。だから私は今、本当に幸せです。

「はじめに」でもお伝えさせていただきましたが、この本は「こんな人もおるんや、自分も頑張ろ」ということで、ひとつの気づきとして楽しんでもらえたら。あなたの人生のなんらかの役に立てたら嬉しいです。でも、鍋敷きとかにされるのは嫌やけどな（笑）。

甥の松本保純社長をはじめとした、可愛くて頼もしい親族たち。

こんな私についていきてくれている会社のスタッフたち。

これまでお世話になったさまざまな人たち。

「マダム信子」という存在をともに創り上げた私のプロデューサーでもある最愛の伴侶、幸治くん。

そして、ここまで読んでくださったあなた。

すべての人へ感謝の意を捧げます。

最後に、信子流「人生でお金より大切なものが出てくるATM」をお伝えします。

A・明るく

T・楽しく

M・前向きに

この「ATM」でいきましょう！

株式会社カウカウフードシステム代表取締役会長

マダム信子

マダム信子（本名：川村信子／かわむら・しんこ）
株式会社カウカウフードシステム代表取締役会長

1951年12月14日島根県生まれ。在日２世として生まれる。厳しい家庭環境に反発して18歳より喫茶店を自営。実業家としての頭角を現す。不動産業、高級クラブママ、貴金属商を経て、東京・銀座に「銀座シンコ」をオープン。政財界、スポーツ界等の大物とも親交が深い。その後、帰阪して焼き肉店を始め飲食業を中心に事業を展開、現在に至る。食べること、人と接するのが好きで飲食業は天職と語る。

Staff

撮影　山田智絵
ヘアメイク　亀田陽子
デザイン　坂根舞（井上則人デザイン事務所）
ライター　小林延江（Chapter1 ～ Chapter4）　我妻弘崇（人間ドキュメント）
漫画　かなつ久美
現地移動　野村司（カウカウフードシステム）
撮影アシスタント　水島顕介
フランス語監修　堀江宏樹
校閲　小田切英史
編集・文責　由井恵美

撮影協力
ペッパーミル：大阪府豊中市蛍池西町 3-555 大阪国際空港ターミナルビル 北ターミナル 4F
マダムシンコ箕面本店：大阪府箕面市今宮４丁目 10-44
クーヘン豊中工場：大阪府豊中市原田南 2-4-25
肉創作 味粋 千なり：大阪府大阪市北区曽根崎新地 1-2-24 ニューウメダビル 3F
G PLATE Kitashinchi 8：大阪府大阪市北区曽根崎新地１丁目7-5

Special thanks

川村幸治

川村陽子
松本保純
武津優子（カウカウフードシステム　経理部長）
橋本圭市（カウカウフードシステム）
永田菜穂子（マダムシンコ箕面本店　店長）
太田弘信（マダムシンコ箕面本店　パティシエ）
林信次（マダムシンコ箕面本店　スタッフ）
マダムシンコ箕面本店にいらしたお客様たち
マダム永井（クラブ・マダムシンコ　総支配人）
高橋純一
やきとりたきち
福山純且（株式会社 Kou Entertainment）
城谷義信（一般社団法人　清交社）
馬場誠司（エーステクノロジー株式会社）
板金幸一（幸せのパンケーキ）
飯沼一人（株式会社レーベルプラン）
江口隆
江口孝子
割烹の宿　美鈴
郡山まい
はる、ふう、せり、さく
ラージ（プードル）
リン（シェパード）
ミーコ（雑種）
（順不同・敬称略）

私は女豹
Je Suis La Panthère

［著　者］　マダム信子
［編集人］　岡本朋之
［発行人］　倉次辰男
［発行所］　株式会社主婦と生活社
〒104-8357 東京都中央区京橋 3-5-7
Tel　03-3563-5130（編集部）
Tel　03-3563-5121（販売部）
Tel　03-3563-5125（生産部）
https://www.shufu.co.jp

［製版所］　東京カラーフォト・プロセス株式会社
［印刷所］　大日本印刷株式会社
［製本所］　共同製本株式会社

ISBN978-4-391-16103-8